En faisant défiler rapidement les pages de ce livre, le dessin situé juste au bas de la page de droite s'animera. Chaque livre de la collection *De vie en vie* a son *flip-book*.

De vie en vie

Darwin

Brigitte Labbé • Michel Puech
Illustrations de Jean-Pierre Joblin

MILAN
jeunesse

« Charles ! À table ! »

Du fond du parc de la propriété familiale, Charles entend résonner les voix de Marianne et Caroline, ses deux grandes sœurs. « Chaaaaaarles ! À taaaaable ! »

L'écho est un peu moins fort que d'habitude, le brouillard épais qui tombe sur l'Angleterre, en ce début d'automne 1818, étouffe les sons.

Charles sait très précisément ce qui va se passer dans les minutes à venir : à son arrivée sur le perron, il devra tendre ses deux mains, paumes en l'air. Après inspection, Caroline lui ordonnera

de se laver les mains en frottant bien sous les ongles pour enlever la terre. Marianne lui reprochera de déformer les poches de son veston en les bourrant de cailloux, de marrons et de feuilles, elle lui dira de se moucher et poussera un cri en apercevant trois vers de terre et une limace cachés dans son mouchoir blanc. Puis, pour finir, elles lui demanderont ce qu'il fait depuis trois heures dans le jardin. Mais elles n'attendront pas de réponse.

Son père sortira de son bureau sans dire un mot et les domestiques annonceront que le repas est servi. Et, si Charles sent son cœur se serrer en regardant la place que sa mère occupait, il sait aussi qu'il devra se taire et ravaler ses larmes. Ici, les sentiments, chacun les garde pour soi. Depuis le jour de l'enterrement de sa maman, on n'a plus jamais parlé d'elle dans la famille Darwin. Charles a neuf ans, mais les souvenirs qu'il a de sa mère se sont presque tous envolés. La maison est triste, les silences sont pesants. L'idée de partager ses chagrins avec son père n'a jamais traversé l'esprit de Charles, ni de ses cinq frères et sœurs.

Observer

Que fait Charles pendant des heures dehors, tout seul ? Il regarde. Il observe. Il examine. Il contemple un oiseau posé sur une branche, une chenille qui rampe sur une feuille ou un papillon sur un tronc d'arbre. Il sort tout doucement de sa poche son cahier et son crayon et il note les couleurs des ailes, leur taille, la forme du corps, le nombre de pattes… Pour se souvenir, pour ne rien oublier, même le plus petit détail. Il attrape des centaines d'insectes pour sa collection. Les professeurs de l'école où il est pensionnaire seraient étonnés de voir avec quel soin et quelle minutie il range et il classe ses captures.

Charles, chasseur

Quand les voisins de la famille Darwin proposent au jeune Charles, devenu maintenant un grand adolescent, de partir avec eux à l'aube pour de longues parties de chasse, on imagine sa joie. Partir en pleine nature, dans les bois et les forêts, ouvrir l'œil, observer le moindre mouvement autour de lui, débusquer le gibier… Le bonheur ! Il apprend à tirer au fusil et il devient très vite excellent. Et très vite obsédé : il ne pense qu'à la chasse, il ne parle plus que de chasse, rien d'autre ne l'intéresse. Son père regarde d'un mauvais œil ce fils de seize ans dont la vie se résume à la poursuite de renards, de lièvres ou de perdrix.

La honte de la famille

« Tu seras le déshonneur de la famille, tu seras le déshonneur de la famille, tu seras le déshonneur… »

Charles essaie de s'endormir, bercé par les mouvements réguliers de la voiture à cheval qui l'emmène

vers l'Écosse. Mais cette phrase de son père tourne en boucle dans sa tête. À lui donner une migraine d'enfer. Combien de fois a-t-il entendu son père le traiter de raté de la famille et lui prédire le pire avenir ? Il se sent coupable. Son père est un homme respecté de tous, un médecin qui passe ses journées et ses nuits à sauver des vies, qui ne compte jamais son temps quand il s'agit de s'occuper des malades.

Charles se sent nul. En regardant défiler le paysage, il se masse les tempes pour soulager son mal de tête, que la chaleur de cet été 1825 n'arrange pas.

« Tu seras médecin, mon fils »

Monsieur Darwin père garde un mince espoir pour son fils. Il a décidé d'éloigner Charles de cette vie de fainéant, et de l'envoyer à Édimbourg, en Écosse, où se trouve une des meilleures facultés de médecine du Royaume-Uni. *« Tu seras médecin, mon fils, comme moi. »*

L'université... et la plage

À Édimbourg, il y a aussi la mer et les plages ! Et, sur les plages, il y a des coquillages, et des mollusques, et des crustacés... Tout un monde d'animaux marins inconnu de Charles. Alors, évidemment, il ne résiste pas. On voit plus souvent sa haute et mince silhouette au bord de l'eau que sur les bancs de la faculté de médecine ! De toute façon, le sang, les cris de douleur des patients, l'odeur de l'hôpital, tout cela le dégoûte et le rend malade. Et puis, franchement, à quoi cela sert-il de se décarcasser pour obtenir un diplôme ? La fortune de son père est suffisante, Charles se doute bien qu'il n'aura jamais besoin de gagner un centime pour vivre. C'est donc sans

trop d'inquiétude qu'il sèche les cours et part chaque jour ramasser ses trésors, son carnet et son crayon en poche. Il apprend à collecter les animaux et les plantes sans les abîmer, à noter tout ce qu'il observe, il s'initie aux techniques qui permettent de conserver les végétaux et le corps des animaux pour qu'ils ne se décomposent pas, il organise de mieux en mieux ses collections en cherchant des logiques de classement, il écrit des descriptions précises et rigoureuses des spécimens collectés. Les seuls cours qu'il ne sèche pas sont les cours de zoologie du professeur Owen, un spécialiste de l'étude des animaux. À défaut de devenir médecin, Charles est en train de devenir, tout seul, un excellent naturaliste.

« Tu seras pasteur, mon fils »

Mais, au bout de deux ans, voyant que son fils rejette complètement la médecine, son père prend une nouvelle décision : faire de Charles un homme de religion.

« Tu seras pasteur, mon fils. » Prêtre dans l'Église d'Angleterre, voilà une profession qui donnerait à son fils une place respectée dans la société. Charles prend la proposition au sérieux et réfléchit sur sa croyance en Dieu. Dieu, créateur du ciel et de la terre, Dieu, créateur de tous les êtres vivants, des

plantes, des animaux, des êtres humains. Charles n'a rien contre. À 18 ans, il quitte Édimbourg et rejoint la prestigieuse université de Cambridge, où étudient les fils de bonne famille. Son père lui fait donner des cours particuliers pour le remettre à niveau. À force de ne rien faire, Charles a accumulé du retard et risque d'être complètement à la traîne, surtout en grec et en latin, les matières principales.

La belle vie de gosse de riches

Pour devenir pasteur, on étudie la religion, mais on étudie aussi des livres qui parlent de plantes, d'animaux, de roches… Toute la création de Dieu, qui chaque jour rappelle aux hommes la présence divine de leur créateur. Charles adore le professeur Henslow, qui donne des cours de botanique, l'étude des plantes, et emmène ses étudiants faire

de grandes randonnées dans la campagne. Il suit aussi les cours de géologie, la science qui étudie la formation des montagnes, des océans, des sols, de toute la terre. Tout cela fait rêver Charles, il adorerait partir vers le soleil à la découverte de paysages, de plantes et d'insectes inconnus en Angleterre. Il se fait un groupe d'amis, des naturalistes comme lui, passionnés par les papillons, les coléoptères, tous obsédés par leurs collections d'insectes et tous à

la recherche d'oiseaux à empailler. Des jeunes gens avec qui il aime aussi aller à la chasse et faire la fête. Combien de fois arrivent-ils en cours sans avoir dormi de la nuit ? La belle vie, quoi !

Dieu, les nageoires et les cous

« Ne me parlez pas de ce Lamarck ! Ce Français est un dangereux révolutionnaire ! De toute façon, ce peuple qui a coupé la tête de son roi ne peut produire qu'un sauvage, certainement pas un savant. » Certains soirs, les réunions chez le professeur Henslow sont vraiment animées, surtout quand on parle des idées du naturaliste Lamarck. Lamarck pense que certains animaux n'ont pas toujours eu des nageoires, mais qu'à force de vivre dans l'eau leur corps s'est petit à petit transformé pour faciliter leur dépla-

cement. Selon lui et ceux qui partagent ses idées, les êtres vivants se transforment, ils s'améliorent, ils s'adaptent aux endroits où ils vivent, et quand ils se reproduisent leurs descendants héritent de ces améliorations. Et c'est ainsi qu'évoluent les espèces, affirment-ils.

Des idées insupportables, intolérables, dangereuses, parce qu'elles bousculent complètement les explications religieuses. Voilà ce que doit leur répondre un bon savant anglais : Dieu a créé les êtres vivants une fois pour toutes, ils sont comme ils sont depuis le début du monde et ils resteront fixes jusqu'à la fin des temps. Personne n'ose s'intéresser

de trop près à l'évolution des espèces, ce serait se ranger du côté des révolutionnaires et du diable. Une seule vérité doit réunir tous les naturalistes, biologistes, zoologistes et autres scientifiques : les êtres vivants et le monde ont été créés par Dieu, une fois pour toutes. Et, si c'était vrai que des nageoires ont poussé ou que le cou des girafes s'est allongé progressivement, ce serait parce que Dieu l'a décidé. Un point c'est tout.

Une lettre qui fait rêver

Ce 29 août 1831, en pleines vacances d'été, Charles a du mal à garder son calme, ce qui est très rare chez lui ! Il vient de recevoir une lettre du professeur Henslow qui l'informe que le capitaine du bateau le *Beagle* cherche un naturaliste pour son prochain départ en mission. Le *Beagle* doit faire

un tour du monde pour effectuer des mesures sur les côtes d'Amérique du Sud et améliorer les cartes géographiques. La mission est prévue pour deux ans, peut-être plus, difficile à dire. Henslow sait que Charles rêve de voyager, et comme le capitaine Fitzroy cherche aussi un homme de compagnie, un gentleman cultivé et de parfaite éducation, Henslow est certain que son étudiant, Charles Darwin, fera l'affaire.

« Mais cela n'a rien à voir avec tes études de pasteur! » gronde son père, quand Charles, essayant de

contenir son excitation, lui demande l'autorisation de partir. Heureusement, il ne prononce pas un non définitif.

« *Écoute, Charles. Si quelqu'un de confiance te dit que ce voyage est bon pour toi, je l'autoriserai.* » Charles se précipite chez son oncle, le frère de sa mère, monsieur Wedgwood. Soulagement : l'oncle est pour, il pense que cela aidera Charles à mûrir. Le père lui fait confiance. Et après tout son fils pourra reprendre ses études de pasteur à son retour, il n'aura que 24 ou 25 ans.

La jungle du Brésil

En février 1832, Charles, le capitaine et les 60 hommes d'équipage sont soulagés d'apercevoir la côte. La traversée de l'Atlantique, sans aucune terre à l'horizon, est toujours angoissante. Au début du voyage, Charles n'a pas arrêté de vomir, il a cru qu'il allait mourir, là, sur le pont de ce voilier de 28 mètres. Mais aujourd'hui, en débarquant en pleine jungle, au Brésil, il se dit que ce spectacle vaut toutes les souffrances du monde. Des couleurs extraordinaires, un labyrinthe de plantes, des animaux grouillant dans tous les coins, un concert incessant de cris, de croassements, de sifflements, de bruissements,

un vacarme infernal, à vous rendre fou… Le paradis pour un naturaliste. Heureusement pour lui, le *Beagle* est obligé de s'arrêter pour quelques mois, les relevés et les mesures qu'ils doivent effectuer plus au sud, vers le cap Horn, sont impossibles à faire à cette époque de l'année, la navigation y est beaucoup trop dangereuse.

« Rien ne vaut la géologie ! »

Le soir, dans sa cabine, à la lueur des bougies, Charles lit. Il a emporté des dizaines de livres, mais depuis le départ c'est le livre du géologue Charles Lyell qui le captive. Les géologues essaient de comprendre la formation des montagnes, des rivières, des sols… Ils essaient de lire dans la nature comme dans un livre, de déchiffrer les histoires gravées dans les roches et dans les fossiles, ces pierres dans lesquelles sont conservés depuis longtemps des débris d'animaux ou leurs empreintes. *« Rien ne vaut la géologie! »* écrit Charles avec son incroyable enthousiasme dans les lettres qu'il envoie à sa famille. Les idées de Lyell le fascinent : les paysages se seraient formés lentement, très lentement, sous l'effet de mille petites causes, comme le vent, le ruissellement des eaux de pluie, la fonte des neiges et des glaciers, grâce aux glissements des cailloux, aux marées... Lyell ne pense pas du tout que la Terre a seulement 4000 ans, comme le dit la religion, ni que les paysages et les reliefs se sont formés brutalement sous l'effet de gigantesques catastrophes naturelles comme le déluge ou des éruptions géantes de volcans. Non, il pense que tout vient d'une lente transformation, jour après jour, depuis des siècles, une longue évolution qui est en action encore aujourd'hui.

Cow-boy, géologue et philosophe

Dès qu'il peut débarquer, Charles part en expédition à l'intérieur des terres. Il parcourt des centaines de kilomètres à travers les immenses plaines d'Argentine, et par-delà les montagnes. Il dort à la belle étoile, sa carabine à portée de main en cas d'attaque d'animaux sauvages. Il découvre la faim, la peur, le manque de confort, le froid, le chaud. Mais rien ne l'arrête. Il revient chargé de quantités énormes

de pierres, et de fossiles. Au passage, il ramasse des plantes et des animaux. De retour sur le *Beagle*, il nettoie, il classe, il emballe, il range tout cela avec soin dans des caisses, en accompagnant chaque échantillon d'une description détaillée. Dès que le *Beagle* croise un bateau qui fait route vers l'Angleterre, Charles lui confie des caisses pour qu'elles soient livrées aux professeurs de Cambridge.

Tout cela étonne le capitaine et les hommes d'équipage, mais il y a longtemps que Charles a gagné leur respect. Comment ce jeune homme, habitué au plus grand luxe, fait-il pour supporter avec autant de calme et de bonne humeur les conditions de ce voyage ? À bord, ils ont surnommé Charles « le philosophe » ! Jamais un mot d'énervement, même quand le capitaine pique ses crises de colère et insulte tout le monde. Jamais la moindre plainte, même quand il n'en peut plus de se faire dévorer

par toutes sortes d'insectes, même quand il meurt de fatigue à force d'enchaîner des nuits blanches parce que la tempête est violente, même quand les rations d'eau potable diminuent ou qu'il n'y a presque rien à manger. Rien ne décourage Charles. Sa passion l'emporte toujours.

À des milliers de kilomètres de là…

Charles ne se doute absolument pas de ce qui se passe en Angleterre. En ouvrant les caisses en provenance du *Beagle*, le professeur Henslow s'est immédiatement rendu compte de la qualité exceptionnelle du travail de Charles. Le jeune étudiant Darwin est maintenant devenu un géologue respecté. Ses écrits sont lus avec le plus grand intérêt, le contenu de chaque caisse est étudié avec soin, les scientifiques sont passionnés par tout ce matériel venu du bout du monde. On admire la manière dont Charles Darwin a récolté ces échantillons, l'intelligence avec laquelle il les classe et les décrit, la pertinence des détails qu'il donne dans ses lettres et ses rapports.

À des milliers de kilomètres de là, Charles est en train d'observer des becs d'oiseau ! Il ne sait pas qu'il triomphe à Cambridge, à Londres, et dans le milieu scientifique anglais. Mais un jour les lettres de ses sœurs arriveront jusqu'à lui et le mettront au courant de ce qui se passe en Angleterre, et de l'admiration que son père a maintenant pour lui.

Les pinsons des îles Galápagos

En septembre 1835, le *Beagle* navigue dans un archipel d'îles volcaniques, les Galápagos. Des îles peuplées d'animaux étranges, à 1 000 kilomètres à l'ouest des côtes d'Amérique du Sud. Charles a

l'impression de débarquer dans un autre monde, sur une autre planète. Les hommes du *Beagle* sont fascinés par les tortues géantes, les lézards géants et tous ces oiseaux qui se laissent approcher de près, et même toucher. Ils n'ont jamais vu d'êtres humains, ils ne se méfient pas. Même pour un géologue, impossible de ne pas s'intéresser à cette faune bizarre qui peuple les Galápagos. Mais ce sont des petits pinsons qui intriguent le plus Charles. Il remarque une chose très bizarre : sur chaque île,

les pinsons sont différents. Sur une île, ils ont un bec légèrement plus long, sur une autre, plus crochu, sur une autre, tout petit… Bizarre. Comment expliquer ces différences, alors que ces oiseaux vivent tout près les uns des autres ? C'est la même chose pour les tortues, et aussi pour les plantes, elles sont légèrement différentes d'une île à l'autre. Charles attrape des dizaines et des dizaines d'oiseaux et ramasse un maximum de plantes, il note exactement où il les a trouvés. Il sent qu'il y a quelque chose d'étrange, mais pour l'instant il se contente de tout collecter, on verra plus tard.

Ras le bol !

À bord du *Beagle*, le mal du pays se fait sérieusement sentir. Voilà quatre ans qu'ils sont partis, deux fois plus longtemps que prévu ! Et la route

est encore très longue : il faut naviguer vers Tahiti, dépasser la Nouvelle-Zélande, l'Australie, atteindre le sud de l'Afrique, et là, mauvaise surprise : au lieu de remonter directement vers l'Europe et l'Angleterre, il faudra retraverser l'océan Atlantique jusqu'au Brésil, pour faire un tour complet de la terre. Seul moyen de vérifier que les relevés et les calculs de longitude et de latitude tombent juste. Les cartes doivent être précises pour assurer le succès des expéditions militaires de Sa Majesté Britannique.

Charles n'en peut plus. Il déteste chacune des vagues de l'océan !

« A cup of tea, Charles ? »

Le dimanche 2 octobre 1836, le *Beagle* quitte les eaux de mer et remonte les eaux calmes du plus grand fleuve anglais, la Tamise. Trois jours plus tard,

Charles boit le thé chez son père, avec ses frères et sœurs. On ne lui a pas menti, il lit enfin autre chose que de la déception dans les yeux de son père. Il se rend compte à quel point cela lui fait du bien de sentir, pour la première fois, à 27 ans, l'admiration de son père. Et son soutien : son père ne parle plus des études de pasteur et il propose à Charles de lui verser régulièrement de l'argent pour qu'il puisse continuer ses recherches scientifiques. En cinq ans, tout a changé.

Le jeu des différences

Charles contacte les meilleurs scientifiques pour que ses collectes soient étudiées avec intelligence et rigueur, avec un regard neuf, sans idée toute

faite. Des scientifiques qui vont tout examiner, millimètre par millimètre, feuille par feuille, plume par plume… et seront capables de mettre de l'ordre là-dedans pour obtenir un catalogue de la nature le plus précis possible.

Pour les plantes, il fait confiance à Joseph Hooker, un botaniste très doué. Les fossiles sont pour Owen, son ancien professeur de zoologie. Et les oiseaux des Galápagos, pour John Gould. Rien de bien difficile pour John, il va chercher les différences entre les oiseaux et les regrouper par espèces, des catégories qui ont chacune leurs caractéristiques, uniques. On verra combien d'espèces ces îles lointaines abritent.

Mais John a vite un problème : il trouve plus de dix formes de bec différentes, il ne peut pas créer dix espèces, juste à cause de cette différence de bec. S'il continue comme ça, chaque oiseau sera une espèce à lui tout seul ! C'est plus logique de conclure que les oiseaux qu'il examine font partie d'une seule espèce, une espèce qui s'est transformée, en changeant juste un détail de l'animal. Charles note cela dans son premier carnet de notes : il se passe une multitude de transformations à l'intérieur d'une espèce. Sans comprendre comment, ni pourquoi.

Que le meilleur gagne !

Charles n'a plus le temps de chasser ni de faire la fête, il s'est fixé un programme de travail et de lecture qu'il respecte au jour le jour. Au programme de l'automne 1838 : lire Malthus, un chercheur qui étudie le développement de différentes populations d'êtres vivants. L'idée du livre l'intéresse :

les êtres vivants doivent lutter pour vivre. D'après Malthus, dès la naissance, une compétition pour la survie est lancée. Et les gagnants sont ceux qui se débrouillent mieux que les autres pour trouver de quoi se nourrir. Les autres meurent, jeunes. C'est comme ça, il n'y en a pas assez pour tout le monde, les êtres vivants se reproduisent trop vite. La compétition est féroce, sans arbitre. La sélection entre ceux qui vivent et ceux qui meurent se fait toute seule, naturellement.

Basculer vers la vie

En refermant ce livre, Charles reste longtemps silencieux. Il médite sur l'idée de sélection. Il note aussi qu'une toute petite différence peut expliquer la survie : un cou de quelques centimètres plus long, qui permet d'attraper les feuilles des arbres quelques centimètres plus haut ; un bec plus crochu pour déchiqueter la chair d'un lapin avant les autres ; une fourrure rousse dans la forêt ou un pelage blanc sur la neige pour se camoufler et éviter les griffes des rapaces. Une petite différence peut faire une énorme différence : faire basculer du côté de la vie.

Vaches laitières, poules pondeuses, chevaux de course…

Les éleveurs de porcs, de chevaux, de poules, de vaches passionnent Charles autant que la lecture de Malthus. Pour la reproduction, les éleveurs sélectionnent les meilleures vaches laitières, les meilleures poules pondeuses, les porcs les plus gras, les chevaux les plus rapides ou les chevaux les plus costauds… Au fil du temps, de sélection en sélection, de reproduction en reproduction, les

animaux se transforment et s'adaptent aux besoins de l'homme. L'homme, par la sélection, fait évoluer les espèces ! Et il réussit même à en créer : en sélectionnant certains loups, l'homme a créé le chien, une espèce qui n'existait pas dans la nature.

Sélection, sélection, sélection. Charles sent qu'il brûle. Qu'il est à deux doigts de trouver le secret de l'évolution des espèces. Mais un scientifique ne se contente pas de sentir. Il prouve.

La sélection naturelle

Charles digère mal le repas de midi, il transpire, il déboutonne le col de sa chemise, il a le sentiment de manquer d'air. Variétés, survie, sélection, évolution, variétés, survie, sélection… Les pièces du puzzle sont là ! La nature fait comme les éleveurs : elle sélectionne, elle fait des tris. Dans les régions enneigées, il n'y a que des renards blancs, parce que les renards foncés, trop visibles, se sont fait dévorer avant d'avoir eu le temps de se reproduire. Dans certaines régions, il y a des girafes, parce que les animaux au cou court sont morts de faim, ils avaient trop de mal à attraper les feuilles des arbres. Et voilà comment, au fil du temps, les espèces évoluent par sélection naturelle. Les cous ne s'allongent pas, les nageoires ne poussent pas, les fourrures ne blanchissent pas, les transformations ne se font pas à

l'intérieur des corps, pendant la vie, et les enfants n'héritent pas des transformations. Non, tout cela est faux. En fait, toutes les variétés – fourrure blanche, rousse, sans fourrure, cou long, cou court,

nageoire, pas de nageoire, avec aile, sans aile, avec écailles, sans écailles, avec colonne vertébrale, sans colonne… –, toutes les variétés apparaissent sur terre, depuis le début du monde, et une sélection naturelle se fait entre elles : certaines variétés vivent, se reproduisent, et ce sont celles-ci qui peuplent la terre aujourd'hui, d'autres meurent et disparaissent.

Il n'y a pas de bonne ou de mauvaise espèce, d'espèce inférieure ou d'espèce supérieure. À certains moments et dans certaines régions, il vaut mieux avoir une grosse fourrure et des tonnes de graisse, ailleurs et à d'autres moments, il vaut mieux être léger et vif pour grimper à toute vitesse aux arbres. Cette sélection, personne ne la dirige, elle est complètement naturelle.

Le niveau d'angoisse de Charles atteint son maximum.

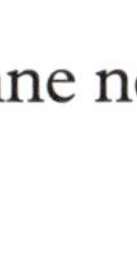

L'être humain et le crabe, même combat

Charles ose à peine noter dans ses carnets que l'être humain, lui aussi, vient de la sélection naturelle. Comme le crabe, le ver de terre, la plante, le singe, l'oiseau, nous faisons partie du club des survivants. Nous avons, comme eux, franchi les épreuves de la sélection ! Des siècles et des siècles de sélection, sélection de variétés à plus gros cerveau, de variétés équipées d'organes qui permettent d'articuler des sons compliqués, de squelettes qui placent la tête au-dessus du corps et permettent de marcher sur deux pattes, d'une intelligence qui donne la possibilité d'utiliser ses mains pour fabriquer des outils, de chasser en groupes, d'inventer le feu…

Personne, personne ne doit lire ce carnet. Les premiers savants qui ont dit que la Terre n'était pas le centre de l'Univers ont scandalisé tout le monde. Personne n'acceptait que la Terre ne soit pas le centre de l'Univers, on trouvait cela honteux de dire qu'elle tournait autour du Soleil, qu'elle n'était qu'une planète parmi les autres. La découverte de Charles est encore pire : il dit que l'homme n'est pas une exception, qu'il a les mêmes ancêtres que les animaux, et qu'il n'est pas du tout au sommet de l'évolution. Il est à côté, à côté de milliers d'êtres vivants qui ont évolué jusqu'à aujourd'hui. Qui peut accepter une idée aussi folle ? Charles sait que le travail à faire pour convaincre est gigantesque, il faut réunir des preuves indiscutables. Tout est clair dans sa tête sur l'évolution, même s'il ne comprend pas comment les variétés nouvelles apparaissent sur

terre, comment des nouvelles formes de vies surgissent. Il réfléchit, il travaille, il écrit et il se tait.

« Oh my God ! Oh mon Dieu ! »

Il ne parle de son travail qu'à Emma, sa femme. Depuis leur mariage, en janvier 1839, il lui fait tout lire, et il lui demande toujours son avis.

Sa réaction ne rassure pas Charles. Au contraire, elle lui donne un avant-goût de la tempête qu'il va déclencher. Emma est bouleversée. Le singe qu'elle voit au zoo a les mêmes ancêtres qu'elle… Elle fait partie de la même famille que lui… Mon Dieu ! *« Dieu créa l'homme à son image, à l'image de Dieu il le créa, homme et femme il les créa… »* Voilà ce que dit la Bible, qu'Emma lit chaque jour. Que devient la création de Dieu avec les idées de Charles, que fait-on d'Adam et Ève ?

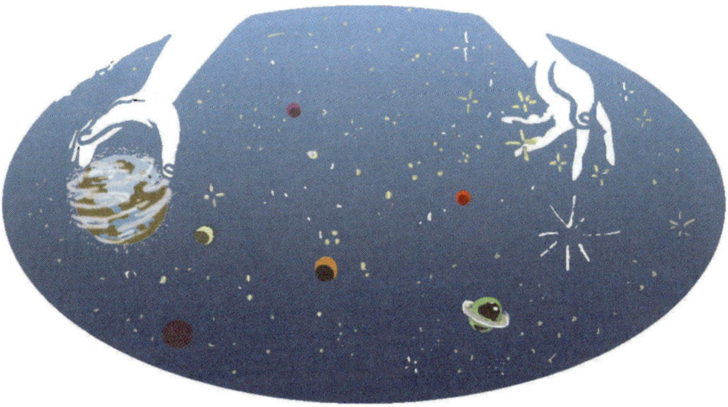

Charles aussi est bouleversé, il n'a aucune intention de combattre la religion, ni de remettre en question l'existence de Dieu. Mais il ne peut plus croire que Dieu est le grand architecte du monde, le grand organisateur qui s'occupe des centaines de milliers de transformations de la nature. Impossible que Dieu s'intéresse à tout, de la couleur d'un lapin aux griffes d'un tigre en passant par la taille des cous. Charles est convaincu que tout se passe comme si la nature essayait tout, dans tous les sens, sans aucun

plan précis, sans but. Tout cela est dramatique. Avec les idées de Lamarck, on pouvait toujours s'arranger et voir l'œuvre de Dieu dans l'évolution des espèces, surtout si l'on pense que Dieu construit petit à petit la perfection.

Mais Charles démolit tout : vivent ceux qui vivent, tout simplement, tout naturellement. Pas d'amélioration, rien qu'une sélection automatique, qui ne garde que ceux qui sont capables de vivre.

Charles va mal, jamais il ne pensait écrire que l'être humain est apparu sur terre au hasard des sélections. Tout ce qu'on lui a appris sur le monde et l'origine de l'homme s'écroule, le monde ne ressemble pas du tout à ce qu'il pensait. Ses problèmes d'estomac empirent, sans parler de ses horribles migraines, qui l'empêchent parfois de travailler.

Emma, gardienne des secrets

« Si je meurs, il faut publier ceci », dit Charles à Emma en lui confiant ses écrits. Il n'a que trente-quatre ans, mais il ne veut prendre aucun risque. Il sait que ses découvertes vont changer la face du monde, il ne veut pas qu'elles soient enterrées avec lui. Emma, malgré toutes ses peurs, soutient son grand Charles. Elle l'aime et l'admire, elle essaie d'organiser autour de lui une vie calme et rassurante, dans la belle demeure où ils se sont installés, à la campagne, peu de temps après la naissance de William, leur premier fils.

D'où sort ce demi-savant ?

« Personne ne peut faire confiance à un biologiste qui n'a pas étudié à fond au moins une espèce », dit Hooker

lors d'une réunion de travail, en septembre 1845. Hooker, le botaniste à qui Charles a confié ses plantes, ne visait pas Darwin, mais Charles, lui, s'est senti immédiatement visé. Il imagine déjà tout le monde lui demander de quelle espèce il est le spécialiste, il entend déjà les scientifiques se demander d'où sort ce demi-savant qui expose de grandes idées sur l'évolution des espèces, sans même en connaître une de A à Z.

Du coup, Charles, qui vient de faire la plus grande découverte de tous les temps sur la vie, va passer les huit prochaines années à étudier des petits crustacés marins, les cirripèdes ! Il en fait venir du monde entier, il met de l'ordre avec une patience infinie dans cette incroyable diversité. Pas question d'oublier le moindre détail. Le jour où il dévoilera ses idées sur l'évolution des espèces au moyen de la sélection naturelle, il sait qu'on l'attendra au tournant, que ses adversaires feront tout pour le descendre et chercheront la moindre erreur pour le coincer. Son travail doit être irréprochable.

Un petit cercle de confidents

Finalement, cette étude sur les crustacés marins lui fait le plus grand bien. Le premier tome qu'il publie sur cette espèce rencontre un immense succès auprès des scientifiques. Tout le monde reconnaît en Darwin un grand biologiste. Cela lui remonte le moral, et il en avait bien besoin. Depuis la mort

d’Annie, sa fille chérie morte de maladie à dix ans, Charles est malheureux et déprimé. Cela fait trois ans que ce drame est arrivé, il ne s’en remet pas et s’angoisse énormément pour la santé de ses autres enfants. La reconnaissance de son travail semble l’apaiser, et il fréquente un peu plus les sociétés savantes de Londres, les groupes de chercheurs. Il ne parle de ses découvertes sur l’évolution qu’à des gens en qui il a une totale confiance, à Joseph Hooker, à Thomas Huxley, un jeune homme de trente ans, surdoué, spécialiste de l’organisation des organes à l’intérieur des corps, à Charles Lyell, le géologue qui croit à la lente évolution de la Terre mais toujours pas à celle des espèces, et aussi à Alfred R. Wallace, un jeune homme qui voyage aux quatre coins du monde pour collecter des papillons. Wallace

se retrouve lui aussi face à une profusion de variétés, lui aussi a du mal à différencier les espèces, et lui aussi va bientôt conclure que les espèces évoluent grâce à une sélection naturelle.

Coup de pouce

En cet été 1858, Charles sait qu'il ne peut plus reculer, il ne peut plus passer des années à étudier une nouvelle espèce, ni chercher un prétexte pour garder secret le résultat de ses recherches. L'article de Wallace qu'il est en train de lire lui donne le coup de pouce nécessaire pour se lancer : Wallace, lui, est en train de publier un article sur l'évolution par sélection naturelle.

« Je dois y aller, plus le choix », pense Charles. Il va y aller avec toute la rigueur scientifique qu'il a acquise au fil des années. Il est prêt.

24 novembre 1859 : la bombe

Charles a cinquante ans, cela fait vingt ans qu'il a eu l'idée foudroyante d'expliquer l'évolution par la sélection naturelle, vingt ans qu'il travaille pour construire sa réputation de scientifique, pour prouver sa découverte. Alors, ce 24 novembre 1859, quand il voit le public se ruer sur son livre *L'Origine des espèces au moyen de la sélection naturelle ou la préservation des races favorisées dans la lutte pour*

la vie, on imagine ses sentiments. Un mélange de soulagement, de joie, d'angoisse. Le soir même, les libraires ont tout vendu. L'éditeur doit en faire réimprimer, et dès que les nouveaux exemplaires arrivent, ils s'arrachent à nouveau, un vrai succès grand public.

30 juin 1860 : explosion

« Cet homme est l'homme le plus dangereux d'Angleterre! » hurle l'évêque Samuel Wilberforce. Dans la grande salle de la British Association, l'ambiance est explosive. Les représentants de l'Église sont enragés, ils attaquent les idées de Darwin avec une violence extrême. On sent bien que l'évêque n'a pas fait l'effort de lire le livre de Darwin, qu'il ne fait que réciter les arguments d'Owen, l'ancien professeur de zoologie d'Édimbourg. Owen est devenu un

personnage très important dans le monde scientifique, il occupe le poste de directeur du département d'histoire naturelle du British Museum, un des plus grands musées du monde, à Londres. Charles a mis du temps à se rendre compte qu'Owen n'a pas pour but de faire avancer la connaissance, mais de faire avancer sa carrière et sa gloire personnelle. Un homme obsédé par le pouvoir, et terrorisé à l'idée que Darwin lui vole la vedette.

Les gens se poussent pour essayer de rentrer, jamais un débat sur des questions scientifiques n'a autant excité la curiosité du public. Heureusement, dans la salle, Charles a deux excellents défenseurs : Hooker et Huxley. Ils sont précis, ils répondent aux attaques point par point, ils démontrent que les arguments contre Darwin sont des arguments de morale, des croyances,

des principes qui veulent seulement maintenir les traditions. Les anti-Darwin essaient de les ridiculiser, leurs questions n'ont plus rien de scientifique et les attaques sont carrément personnelles : *« Alors, monsieur Huxley, descendez-vous du singe par votre père ou par votre mère ? »*

Rien que cette question prouve qu'ils n'ont rien compris : Darwin ne dit pas que l'homme vient du singe, il dit que le singe et l'homme ont les mêmes ancêtres. Si l'homme venait du singe, pourquoi le singe, lui, aurait-il arrêté son évolution ? Pourquoi serait-il resté singe au lieu de devenir homme ? Huxley ne se laisse pas démonter, ses réponses sont cinglantes et efficaces : *« Il n'est pas honteux d'avoir un singe pour ancêtre mais ce serait honteux d'avoir pour ancêtre un homme qui se déshonore en refusant la vérité. »* Au fond de la salle, une femme s'évanouit. Est-ce l'idée d'avoir un singe pour ancêtre qui la

bouleverse à ce point ou bien est-ce simplement le manque d'air qui se fait sentir dans cette salle archicomble ?

Une vie hyperorganisée

Les darwiniens ont eu le dernier mot, le triomphe est immense. Charles reçoit du courrier du

monde entier. Dans sa maison à la campagne, près de Londres, de plus en plus de scientifiques viennent le voir. Entre deux visites, il ne change pas ses habitudes. Lever de bonne heure, petite marche précédant le petit déjeuner, lecture du courrier, travail de 10 h 30 à 12 heures, petite marche, visite de la serre et inspection des plantations d'orchidées, de plantes grimpantes, de plantes carnivores, coup d'œil à ses élevages de vers de terre et autres petits animaux, jeux avec les enfants, lecture du journal,

puis déjeuner suivi d'une petite sieste. Au réveil, promenade avec Emma avant de se remettre au travail. Dîner, et, en sortant de table, direction sa chambre si son état de santé ou son humeur sont mauvais, direction le salon pour quelques parties de backgammon avec Emma si rien ni personne ne l'a contrarié.

Expert en vers de terre

Charles pourrait passer son temps à donner des conférences dans le monde entier, mais il préfère

rester avec ses vers de terre ! À soixante-dix ans, il devient un expert en vers de terre, on lui en envoie de tous les continents, il accumule une immense collection, il essaie de dresser des vers pour comprendre comment ils réagissent, comment ils attrapent les feuilles pour se nourrir, comment ils se reproduisent… Aidé par son fils Francis, il fait aussi beaucoup d'expériences sur les végétaux. Les plantes carnivores, les plantes grimpantes, ces plantes que la sélection naturelle a laissé vivre parce qu'elles ont réussi à se nourrir en attrapant des insectes ou à grimper vers la lumière… Il étudie aussi les mélanges entre différentes variétés, il n'arrête pas de chercher et d'observer.

Une moue de tristesse, un sourire de joie

Onze ans après *L'Origine des espèces*, Charles ne craint plus rien, il publie *L'Ascendance de l'homme*, et affirme haut et fort qu'aucune barrière ne sépare l'animal de l'homme, qu'il y a de l'animal dans l'homme. Refuser cette idée, c'est se prendre pour un être surnaturel, alors que l'homme est issu de la nature.

Un an plus tard, en 1872, il enfonce le clou avec un livre toujours révolutionnaire, *L'Expression des*

émotions chez l'homme et les animaux. Le chien redresse les oreilles en signe d'attention, le chat courbe le dos pour montrer son affection, le chimpanzé avance ses lèvres quand il est de mauvaise humeur, les bébés animaux poussent des cris de détresse quand on les sépare de leurs parents, les animaux expriment des émotions… comme les hommes. À soixante-treize ans, Darwin affirme qu'en observant les animaux attentivement on comprend mieux le comportement humain… De quoi faire s'étrangler la bonne société londonienne.

Il a réuni la grande famille

Charles Darwin a expliqué l'origine de l'homme, il a compris comment les espèces évoluent, mais il n'a pas compris pourquoi, à la naissance, des nouveautés apparaissent. Pourquoi ce papillon naît tout blanc dans une famille de papillons noirs, pourquoi ce mouton naît bizarrement avec cinq pattes, pourquoi ce bébé ours a un pelage beaucoup plus sombre que ses ancêtres… Il a fait des suppositions, il s'est trompé, il a écrit des choses fausses sur la manière dont les parents transmettent leurs caractéristiques physiques à leurs enfants. Parfois, il s'est laissé influencer par d'autres chercheurs parce qu'il ne croyait pas assez à ses idées.

Il lui manquait les découvertes de la génétique, cette science qui expliquera la grande loterie qui se joue à la conception de chaque être vivant : pourquoi ce bébé hérite des yeux bleus de sa mère alors que son frère a hérité des yeux bruns de son père, pourquoi on hérite de la peau noire de sa mère ou des cheveux roux de son père. Et aussi pourquoi on n'a aucune chance d'hériter du nez de sa mère refait par un chirurgien ni des muscles que son père a développés à force de soulever des haltères, ni d'aucune transformation qui se passe dans le corps des parents pendant leur vie, comme le pensait Lamarck, et aussi Darwin.

Mais ça, c'est une autre histoire, que Darwin n'a pas connue. Il est mort chez lui, le 19 avril 1882, à soixante-treize ans. Après avoir définitivement replacé l'être humain dans sa famille, la grande famille des êtres vivants, des êtres reliés entre eux, depuis toujours. ■

Sommaire

Charles Darwin

Charles Darwin naît en 1809 dans une riche famille de médecins anglais. Les études ne l'intéressent pas, c'est la chasse et les collections d'animaux et de plantes qui le passionnent. Il s'embarque en 1831 pour un voyage maritime qui va durer cinq ans, sur un navire d'observations cartographiques et scientifiques. Il est le naturaliste du bord, et il découvre, en collectant des milliers d'échantillons de roches et de fossiles, de plantes et d'animaux, l'extraordinaire diversité de la vie. Rentré en Angleterre, il lui faudra vingt ans pour percer le mystère de la sélection naturelle, et pour oser publier, en 1859, *L'Origine des espèces*. C'est une révolution totale, révolution scientifique mais aussi morale, religieuse, sociale. Vivant à l'écart, avec sa famille, Darwin a du mal à supporter le raz de marée qu'il a déclenché. Il meurt en 1882, un demi-siècle avant que la génétique complète l'explication des mécanismes qu'il avait découverts.

Ses idées traversent le temps

L'œuvre de Darwin apparaît comme une révolution au XIXe siècle. Bien qu'il soit né il y a deux siècles, ses idées continuent de nous interroger aujourd'hui encore. Ici, Charles Darwin en 1881.

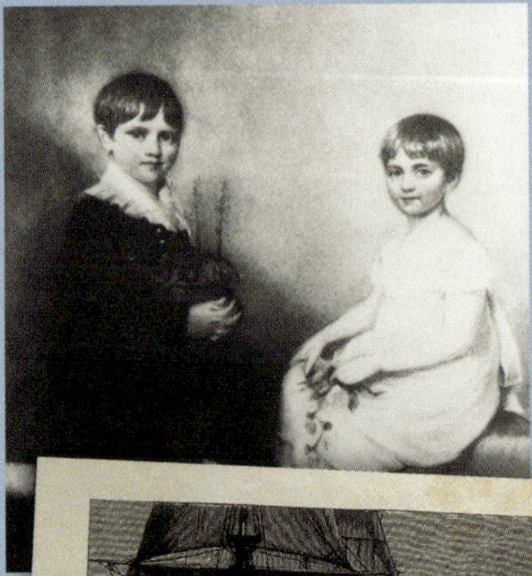

Le cinquième d'une fratrie de six enfants
Charles, ici à sept ans avec sa plus jeune sœur, Catherine. Son grand-père, Erasmus Darwin, était naturaliste. Enfant, Charles aime collectionner toutes sortes d'objets comme les coquillages, les pièces de monnaie... Il adore la nature.

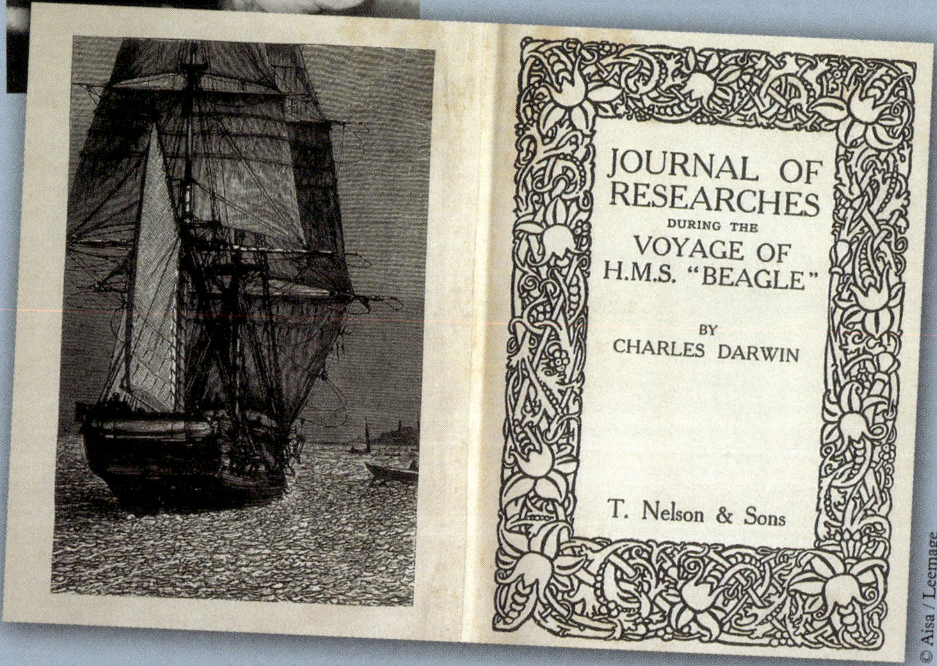

Les voyages forment la jeunesse
À vingt-deux ans, Darwin apprend qu'on recherche un naturaliste pour un voyage de plusieurs années sur un bateau qui va faire le tour du monde. Il a très envie de partir. Avec l'aide de son oncle, il arrive à convaincre son père et s'embarque sur le navire *Beagle*, le 27 décembre 1831. Tous les jours, il écrit son journal. Celui-ci est ensuite publié : c'est le *Voyage d'un naturaliste autour du monde*.

Les pinsons des Galápagos

Avec le *Beagle*, Darwin visite plusieurs îles des Galápagos, un archipel de l'océan Pacifique. D'une île à l'autre, il trouve des oiseaux presque identiques, sauf par la forme de leur bec. Un bec long et fin peut, par exemple, pénétrer dans les troncs d'arbres pour y attraper des insectes. Un bec rond et dur permet de casser des graines. L'oiseau qui possède un certain type de bec est donc plus adapté pour telle ou telle nourriture. Mais comment des oiseaux similaires peuvent-ils avoir des becs si différents ? Charles pense que les becs se sont modifiés avec le temps. C'est le début de sa fameuse découverte : les êtres vivants subissent sans cesse des mutations, sans que l'on sache pourquoi.

1. Geospiza magnirostris.
2. Geospiza fortis.
3. Geospiza parvula.
4. Certhidea olivasea.

Une maison propice au travail

En 1839, Charles épouse Emma Wedgwood, sa cousine, et part s'installer avec elle dans une grande maison à la campagne, à Down, dans le Kent, en 1842. Il va alors consacrer vingt ans de sa vie à travailler pour mettre au point sa théorie sur les espèces, ce qui ne l'empêche pas de jouer avec ses enfants et de passer du temps avec eux. Charles et Emma auront dix enfants. Toute sa vie, Darwin a travaillé. Cela n'a pas été facile car il est tombé malade peu après son mariage et ses troubles l'empêchaient d'étudier autant qu'il le souhaitait. C'est pourquoi la vie dans le calme de la campagne lui convenait bien.

Un couple très uni
Emma Wedgwood, l'épouse de Charles. Très croyante, elle ne sera pas toujours d'accord avec les théories de Charles au sujet de Dieu et de la religion. Emma et Charles forment un couple heureux et harmonieux. Ils traverseront toutefois une période extrêmement triste quand l'une de leurs filles meurt à l'âge de dix ans.

La théorie de l'évolution
Darwin s'est posé beaucoup de questions sur l'existence de Dieu. Pendant sa jeunesse, il croyait en Lui, comme toute sa famille et ses amis. Lors de son voyage sur le *Beagle*, il s'est rendu compte que les peuples qu'il rencontrait dans le monde avaient des croyances complètement différentes des siennes. Petit à petit, à force de réfléchir à l'origine de la vie, il a perdu la foi.

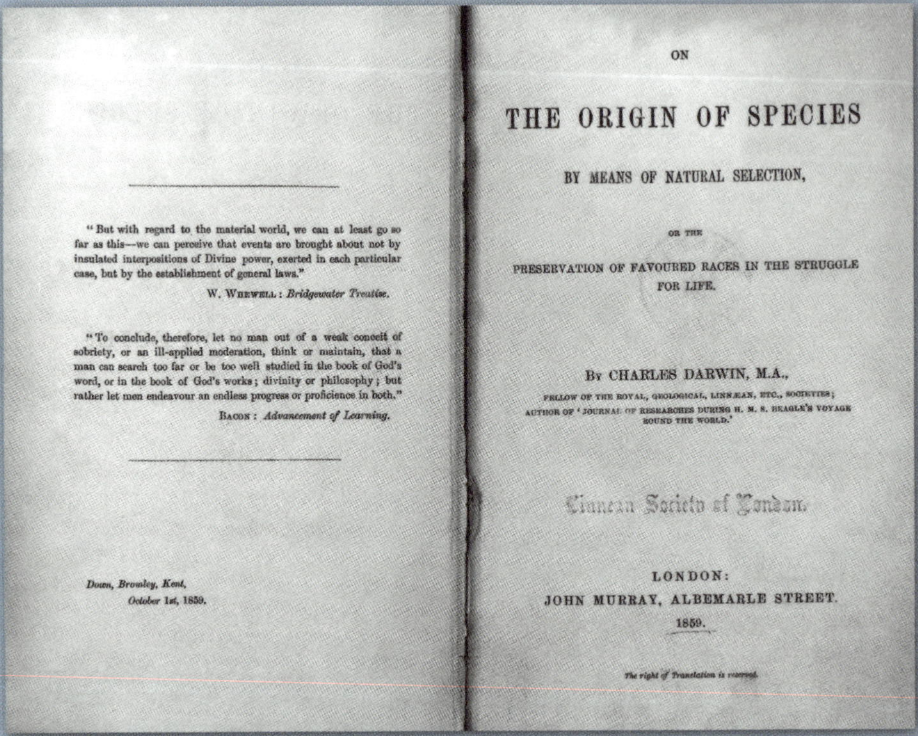

"But with regard to the material world, we can at least go so far as this—we can perceive that events are brought about not by insulated interpositions of Divine power, exerted in each particular case, but by the establishment of general laws."

W. Whewell : *Bridgewater Treatise.*

"To conclude, therefore, let no man out of a weak conceit of sobriety, or an ill-applied moderation, think or maintain, that a man can search too far or be too well studied in the book of God's word, or in the book of God's works; divinity or philosophy; but rather let men endeavour an endless progress or proficience in both."

Bacon : *Advancement of Learning.*

Down, Bromley, Kent,
October 1st, 1859.

ON

THE ORIGIN OF SPECIES

BY MEANS OF NATURAL SELECTION,

OR THE

PRESERVATION OF FAVOURED RACES IN THE STRUGGLE FOR LIFE.

By CHARLES DARWIN, M.A.,

FELLOW OF THE ROYAL, GEOLOGICAL, LINNÆAN, ETC., SOCIETIES;
AUTHOR OF 'JOURNAL OF RESEARCHES DURING H. M. S. BEAGLE'S VOYAGE ROUND THE WORLD.'

Linnean Society of London.

LONDON:
JOHN MURRAY, ALBEMARLE STREET.
1859.

The right of Translation is reserved.

La théorie de l'évolution

En 1859, Darwin publie son ouvrage le plus important, *L'Origine des espèces au moyen de la sélection naturelle*, dans lequel il décrit sa théorie : la modification progressive des espèces à travers le temps. Son livre a un succès énorme, mais il fait aussi scandale. On pensait à l'époque que Dieu avait créé toutes les espèces d'animaux et de végétaux de façon immuable. Darwin prouve le contraire. *L'Origine des espèces* déchaîne les passions et le livre est traduit dans plusieurs pays. Son auteur devient rapidement célèbre.

Des ancêtres communs
Gravure illustrant la théorie de l'évolution selon Darwin. Ce dernier affirme que l'homme et le singe ont les mêmes ancêtres. Cette idée semble inacceptable à la plupart des gens, qui pensent que les animaux sont inférieurs à l'homme, moins évolués. Pour Darwin, l'homme est soumis aux mêmes lois naturelles que tous les êtres vivants. ▼

De bons amis

Pendant ses longues années de travail, Darwin a parlé de ses idées avec de nombreux scientifiques. Certains, qui sont devenus ses amis, vont l'aider à soutenir sa thèse. Comme il est souvent malade et n'aime pas les conflits, le grand homme reste la plupart du temps à la maison, en famille, alors que ses théories sont débattues à Londres et ailleurs dans le monde. Darwin peut ainsi continuer à vivre dans une certaine tranquillité sans pour autant être isolé. Ses nombreuses relations se chargent de le défendre contre les critiques. Ici, de gauche à droite, Darwin en compagnie de ses amis le géologue Charles Lyell et le botaniste Joseph Hooker.

Une vie bien remplie

Quand il atteint l'âge de la vieillesse, Darwin écrit l'histoire de sa vie pour ses enfants et ses petits-enfants. Il a le sens de l'humour, aime raconter des anecdotes sur les gens qu'il a connus. Il essaye de se décrire avec beaucoup d'objectivité et parle de sa propre vie un peu comme s'il s'agissait de celle d'un autre. Il pose sur lui-même le même regard que sur les espèces qu'il a étudiées. Il rappelle qu'il n'était pas un bon élève en classe, qu'il était plutôt lent et avait toujours du mal à s'exprimer. Il n'hésite pas à se critiquer. Il pense ne pas devoir sa réussite à une intelligence exceptionnelle, mais plutôt à l'importance du travail fourni durant toute son existence. ▶

Les auteurs

Brigitte Labbé est écrivain. Elle est coauteur de tous les ouvrages des collections « De vie en vie » et « Les Goûters Philo » parus aux Éditions Milan.

Michel Puech est maître de conférences en philosophie à la Sorbonne.

Les illustrateurs

Jean-Pierre Joblin a réalisé les dessins de l'intérieur.

Tony Grippo a conçu le *flip-book*.

Dans la même collection en édition souple

1. M. Luther King
2. Einstein
3. Bouddha
4. Marco Polo
5. Mozart
6. Néfertiti
7. Coluche
8. Van Gogh
9. Molière
11. Ulysse
12. Tolkien
13. Marie Curie
14. Charlie Chaplin
15. Freud
16. Les Beatles
17. Coco Chanel
18. Léonard de Vinci
19. Jésus
20. Gandhi
21. Picasso
22. Anne Frank
23. Louis XIV
24. Saint-Exupéry
25. Galilée

Conception graphique : Bruno Douin
Cet ouvrage a été réalisé par les éditions Milan avec la collaboration de Juliette Antoine pour les pages 67 à 75 du cahier photo.

Ouvrage publié avec le concours du Conseil Régional de Midi-Pyrénées.

300, rue Léon-Joulin, 31101 Toulouse Cedex 9 – France

Loi 49.956 du 16.07.1949 sur les publications destinées à la jeunesse.
Dépôt légal : 3e trimestre 2009
ISBN : 978-2-7459-3958-6
Imprimé en Slovénie par DZS Grafik